權威

Activity Book 學習手冊

Center for Civic Education　原著

財團法人民間公民與法治教育基金會　策劃出版

Learning About Authority

國家圖書館出版品預行編目資料

權威:學習手冊 / Center for Civic Education原著;余佳玲譯. -- 初版. -- 臺北市:民間公民與法治教育基金會, 五南, 2013.05
　面;　公分
譯自:Learning About Authority Activity Book
ISBN　978-986-88103-8-9(平裝)

1. 公民教育　2. 民主教育　3. 權威

528.3　　　　　　　　　　102005532

民主基礎系列《學習手冊》——權威

原著書名:Learning About Authority Activity Book
著 作 人:Center for Civic Education(http://www.civiced.org/)
譯　　者:余佳玲
策　　劃:林佳範
本書總編輯:李岳霖、劉金玫
董 事 長:張廼良
出 版 者:財團法人民間公民與法治教育基金會
編輯委員:陳秋儀、李翠蘭、朱惠美、許珍珍
責任編輯:許珍珍
地　　址:104台北市松江路100巷4號5樓
電　　話:(02)2521-4258
傳　　真:(02)2521-4245
網　　址:www.lre.org.tw

合作出版:五南圖書出版股份有限公司
發 行 人:楊榮川
地　　址:106台北市大安區和平東路二段339號4樓
電　　話:(02)2705-5066(代表號)
傳　　真:(02)2706-6100
劃　　撥:0106895-3

版　　刷:2013年5月初版一刷
定　　價:150元

感謝
財團法人蘇天財文教基金會　贊助出版

出版緣起

黃旭田

　　2002年3月，耶魯大學法學院Carroll D.Stevens及Barbara Safriet兩位教授在台北律師公會和國人分享美國法治教育的經驗、同年9月筆者和張澤平律師、黃三榮律師獲邀至日本茨城縣筑波市參加關東弁護士會2002年年會分享台灣法治教育的努力；一轉眼台灣推動法治教育與國際接軌已超過十年。

　　我們在日本首次知道美國公民教育中心（Center for Civic Education，簡稱CCE）出版了民主基礎系列叢書（Foundations of Democracy：Authority、Privacy、Responsibility、Justice），可供各個年齡層教學使用，於是我們決定將之翻譯後導入國內。2003年7月，筆者和台師大公領系的林佳範教授親訪公民教育中心，取得同意授權由我們在台灣出版這系列圖書的中文版。當年9月這套教材的K-2系列（Instructional Procedures for Prereaders），在國內以「泡泡伯與菲菲　認識權威」、「小魚潔西　認識隱私」、「動物管理員　認識責任」、「熊熊家族　認識正義」名稱出版，另外並有一本「民主基礎系列《指導手冊》」，這系列，國內稱為「兒童版」，出版至今已印製逾三萬餘套；另外並在2010年間出版大字版，可供老師在教學現場使用。接著在2005年11月這系列教材的3-5系列(Elementary Level)，以「認識權威（少年版）、認識隱私（少年版）、認識責任（少年版）、認識正義（少年版）」名稱出版，同樣也同時出版一本「民主基礎《少年版教師手冊》」供老師使用，這系列國內簡稱為「少年版」；少年版並於2010年至2012年間陸續改換版面，並交由五南圖書出版股份有限公司合作發行。這套教材的6-9系列（Middle School Level And Above），自2007年9月至2008年3月間陸續發行中文版，書名為「挑戰未來公民──權威」、「挑戰未來公民──隱私」、「挑戰未來公民──責任」、「挑戰未來公民──正義」，另外也仍然一併出版「挑戰未來公民──教師手冊」，同樣由五南圖書出版股份有限公司合作出版，國內稱之為「公民版」。

　　這三套書在國內推廣時，兒童版主要用於幼稚園至低中年級，少年版主要用於國小高年級和國中；公民版主要用於高中及大專；然而老師實際運用時常反映國小階段不同的孩子心智發展有別，對某些中年級的孩子（也包括某些低年級或甚至高年級的孩子），兒童版太淺，而少年版又太深；因此我們決定將美國原本與兒童版一併發行的「Activity Book」也予以翻譯出版，書名就稱為「權

威」學習手冊、「隱私」學習手冊、「責任」學習手冊、「正義」學習手冊；同時為配合教學現場，每一冊的教師手冊都獨立成冊，也就是每一個主題都有一本學習手冊，再加上一本教師手冊。這套書或許可稱為＜較大兒童版＞，配合原本的兒童版與少年版，相信能讓老師依據孩子的狀況，有更適合的教材可供選擇使用。

本套書的出版承蒙財團法人蘇天財文教基金會贊助，在此特別感謝，當然全國各地許多老師與家長的鼓勵與鞭策，更是我們工作上最大的動力。

回首過往，1996年5月台北律師公會成立「法律教育推廣委員會」、1998年民間司改會成立「法治教育小組」；2003年來自民間的扶輪社友加入推廣法治教育的行列，並且與台北律師公會、民間司改會共同在財團法人中華扶輪教育基金會下設「法治教育向下扎根特別委員會」，導入美國公民教育中心的各系列教材；2006年在金士頓公司孫大衛先生捐款挹注下，交棒在民間司改會下設「法治教育向下扎根中心」；2011年年底更擴大組織獨立為「財團法人民間公民與法治教育基金會」，每一次的組織改造就代表著一次力量的茁壯，不過，我們的初衷從未改變，那就是藉由教育向下扎根，進而深化民主基礎，建設台灣成為一個優質的公民社會！

放眼當今，世界與台灣到處都是貧富差距、經濟衰退，國家內部常見朝野對抗、國際間則不斷發生主權衝突。其實如果能夠反思「有沒有好的領導人與規則（權威）」、「每個人有沒有被尊重（隱私）」、「誰該負責（責任）」、「這樣公平嗎（正義）」，用對話、傾聽、思辯進而決定，世界不會完美，但一定會變得比較好。這一系列的教材能夠給孩子帶得走的能力，請支持民間公民與法治教育基金會，並且與我們一起努力推廣，謝謝。

Table of
Contents

目錄

權威／學習手冊

1 第一課
什麼是權威？

本課會學到的概念

　　我們會在這一課認識權威是什麼，也會學習如何運用「權威」來解決問題。

權威　權力　政府　法律　規則
沒有權威的權力

重要觀念

什麼是權威？

有些時候，你決定自己想要做什麼，沒有人告訴你要這樣做。

→ 露西說：「我要去餵我的貓。」

→ 大偉說：「我要去吉米家玩。」

露西和大偉的行動都是自己做的決定，沒有人告訴他們該做什麼。

有些時候，你會因為別人告訴你應該做什麼，而照著去做。

➜ 「路克，把你的午餐錢給我，不然我就揍你。」艾爾說。

➜ 「愛美，去刷牙。」愛美的母親說。

愛美的母親和艾爾都要其他人做事，兩個人都有使用「權力」。

當某個人告訴他人去做什麼事，而這些人也照著做，就表示這個人擁有「權力」。

再看一次愛美的母親和艾爾說的話。

他們兩個人說的話有什麼不同呢？

艾爾有權叫路克把錢給他嗎？為什麼？

愛美的母親有權叫愛美去刷牙嗎？為什麼？

愛美的母親有權威，**權威**代表有權可以使用權力，也就是可以告訴別人該做什麼事的「權利」。

職業可以讓人擁有權威或是權利，去告訴他人該做哪些事。像是你的老師告訴你要唸書，這是老師工作的一部分。

法律可以給人「權利」或「權威」，去告訴別人該做什麼。法律是**政府**制訂的規則。像是警察要求大家騎機車的時候必須戴上安全帽，這是法律讓警察有權使用權力。

父母會告訴孩子該做什麼事，這是身為父母的

權利。法律也有規定父母有權使用權力，他們具有權威。

　　有些時候，有的人沒有權使用權力，像是學校裡的惡霸要其他學生離開操場，還有強盜叫人把錢交出來，這些人都沒有權力要別人這麼做。他們是在沒有權威的情況下使用權力，也就是他們沒有「權利」可以使用權力。

你曾經看過什麼人沒有權威卻使用權力嗎？

_____

_____

_____

_____

你曾經看過什麼人運用權威的情形嗎？

_____

_____

_____

為什麼我們需要知道這個人是在運用權威，或是使用沒有權威的權力？

_____

_____

_____

看看這些問題，分辨問題中的人是在運用權威，還是在使用沒有權威的權力。

1. 路易說：「我要插隊，讓開！」

2. 莉塔的爸爸說：「請你帶小狗去散步。」

3. 十字路口的導護義工說：「你現在可以過馬路了。」

4. 彼得說：「如果你不把你的作業交給我，放學後就走著瞧。」

5. 保羅教練說：「比賽結束，大家請離場！」

6. 警察說：「開車時必須繫上安全帶。」

展示學習成果

　　畫兩張圖，第一張畫出有人在使用沒有權威的權力，第二張則畫有人在運用權威。與同學分享你的作品。

泡泡伯與菲菲

記得泡泡伯與菲菲故事中的第一章？泡泡伯與菲菲是認識很久的朋友了，他們在談論很久以前泡泡國發生的事。

「我們遇到了很大的危機，泡泡裡都是工廠排放出來的煙，天空的顏色越來越黯淡，泡泡國開始往下掉，不斷的下降。」泡泡伯說。

「工廠日夜都在製造我們要吃的甜點。」菲菲說。

「大家都認為，只要我喜歡，有什麼不可以。」泡泡伯提醒菲菲：「有些人亂拿別人的東西，有些人把所有食物都吃光，沒有人願意分享。大家對每件事都有不同的意見。」

泡泡人遇到什麼難題？

他們用了什麼方法來解決這些難題？

你曾遇見類似的難題嗎？是什麼樣的問題？

″為什麼我們需要權威？

在泡泡伯與菲菲的故事中，我們看到了沒有規則可能會發生的情形。規則是引導我們的做事方式。我們也讀到一個社區中沒有權威人物時可能出現的情況。權威很重要，以下是幾個運用權威的方式：

·權威有助於保障我們的安全。

　游泳池有個規定是「禁止在池邊奔跑」。這項規

定讓人們不會掉入池中受傷。救生員也能保護你的安全。

還有哪些規定或是哪些人有助於維護我們的安全？

_____

_____

_____

_____

_____

_____

‧權威能讓我們公平分配事物。

你的老師可能會說：「你們一次只能拿一盒蠟筆。」其他同學也需要用蠟筆。

還有哪些規定或是哪些人能協助我們公平的分配事物？

_____

_____

_____

_____

· 權威有助於保護財產。

你的父母可能會說：「不准在這本書上亂畫。」這是為了不讓這本書受損，或許還有其他人要用這本書。

你的老師可能會說：「不准在桌子亂畫。」這是為了不讓這張桌子受損，或許以後還有其他人要用這張桌子。

還有哪些規定或是哪些人能幫忙保護你的財產？

_____

_____

_____

・權威有助於解決紛爭。

玩遊戲的時候可能會有裁判，負責看大家有沒有遵守規則。假如有人違反規定，裁判會決定該如何處理。

還有哪些規定或是哪些人有助於解決紛爭？

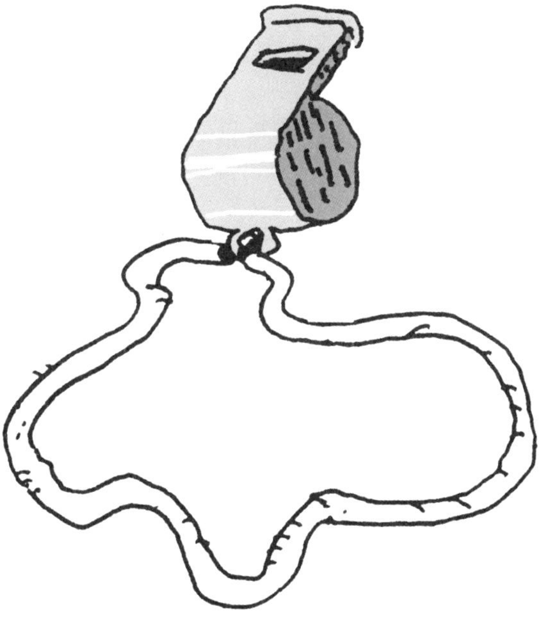

_____

_____

_____

_____

・權威有助於維護秩序。

　　圖書館有使用圖書的規定來維持圖書館內的秩序；沒有這些規定的話，我們可能沒有辦法找到想要的書。

還有哪些規定或是哪些人能幫我們維持秩序？

_____

_____

_____

解決問題。

下面的插圖發生了什麼情況？你能不能想到有哪些規則可以解決這個問題？你同不同意教室內如果有領導者會有助於解決問題？請與同學分享你的想法。

展示學習成果

　　看看這些圖片，有沒有發現什麼問題？請說說看為什麼必須解決問題。利用在這一課學到的觀念，說說看你會怎麼做。畫圖或是寫下你會用來解決問題的方法。與同學分享你的點子。

➜ 所有的小孩都搶著玩溜滑梯。

➜ 瑞克認為自己安全上壘，凱倫卻說他出局了。

→ 學校旁邊的十字路口常常大塞車。

課後活動

1. 請從報章雜誌中找出使用權力的圖片剪下來貼在紙上，列出這個人是不是使用沒有權威的權力？還是這個人在運用權威呢？與同學分享你的作品。

2. 把你所學到的權威概念分享給學校或是家裡某個具有權威的人，請他告訴你為什麼他有權利吩咐其他人做事。與班上同學分享你的心得。

第二課
如何判斷規則的好壞?

本課會學到的概念

　　我們每天都必須遵守許多規則,有時我們會想知道這些規則好不好,或是需不需要制定新的規則。在這一課中我們會學到運用一些問題來幫助我們訂出好的規則。

重要觀念

″誰負責訂立規則或法律？

貝絲和朋友玩遊戲的時候會訂規則。

「我們來玩開店遊戲。」威利說。

「我們來開一家玩具店。」萊蒂說：「我們拿自己的玩具，假裝賣掉它。」

「好。」貝絲說：「但是不能沒付錢就把東西拿走。」

山姆說：「我們都知道規則了，大家

開始準備吧！茉蒂和羅尼，你們來當顧客。」

有時候，規則能告訴我們該怎麼做，家裡的規定讓我們知道在家應該有什麼樣的行為，學校的規定告訴我們在學校可以有什麼樣的舉止。

制定規則是運用權威的一種方式。

但是，有時候規定似乎太多了。到底是誰在訂這些規則呢？

父母會訂規則，學校的校長和老師也會。

在政府裡面的人會制定規則，這些規則稱為法律。

無論你住在哪裡，總會有一群人負責訂立規則，我們稱這群人組成的機關叫做**地方政府**。我們投票選出地方政府的人，給他們權利來為我們制定規則。

小孩也會訂規則。你和朋友玩遊戲的時候，你們可能會訂些規定。有時候你的老師可能會說：「好，各位同學，我們來訂班規。」

你曾經參與過哪些規則的制定？

_____

_____

_____

你的老師訂了哪些規則？

_____

_____

_____

你居住地的地方政府制定哪些規則或法律？

_____

_____

_____

記得泡泡伯與菲菲故事中的第二章嗎？泡泡人決定要訂一些規則。在判斷哪些是好規則的時候，大家很難達成相同的意見。

「建立新規則不是一件容易的事。」菲菲想：「我們怎麼確定什麼是好的規則呢？」

泡泡國的人訂了什麼規定？

你覺得泡泡人訂的規則好嗎？為什麼？

🔊 如何決定規則的好壞？

有時你可能會不喜歡特定的規則，或許你會說：「我不覺得那項規則有什麼好。」如何分辨規則的好壞呢？

有些問題可以幫助我們思考什麼是好規則。

規則的內容是什麼？

為什麼需要這項規則？

有了這項規則之後可能發生什麼事？

這項規則有問題嗎？

你會遵守這項規則，還是加以改變或廢除？為什麼？

解決問題

請閱讀以下的故事以及後面的五條規定。利用上面的問題來思考這些規則的好壞。

騎腳踏車上學

這個社區許多孩子都騎腳踏車上學，他們會經由第十街到學校。上個禮拜有輛車差點撞到卡洛斯，卡洛斯在千鈞一髮之際閃開了。住在第十街上的人不希望有任何小孩被車撞到，以下就是他們制定的規則：

1. 所有騎腳踏車的人都必須戴宴會帽。

2. 只有名字叫做泰莉或山姆的小孩，才能在第十街上騎腳踏車。

3. 唯色艷之腳踏板車得行於通衢。

4. 車輛在第十街上行進時必須維持適當的速度。

5. 兒童騎腳踏車時必須保持時速一百二十公里，並且在其他汽車的前方。

　　看看你手邊的表格，寫下或是說出這些規定有什麼問題。

　　想一想並和班上同學討論好的規定應該要具備哪些條件。

這項規則有何問題？	好的規則應該……
1.	
2.	
3.	
4.	
5.	

展示學習成果

　　換你訂個好規則了。運用你學到的概念，先把故事看完，然後說說你會訂什麼規定。和同學分享你的想法，解釋為何你認為自己訂的規則是好的。

教室裡

　　宋老師說：「準備一下，我們要上課了。你們會需要紙、鉛筆和一本書。」

　　有些學生在上課期間離開座位，他們去削鉛筆或是拿紙，有些則跑去拿書架上的書。這些對宋老師來說都不是問題，只要他們能保持安靜。

　　有些學生在削鉛筆的時候發出噪音，有些人則和朋友講話。

　　安娜說：「我聽不到老師說我們該怎麼做作業。」「我也是。」潔德說。

　　宋老師說：「我想我們需要訂一些規則來解決問題。」

課後活動

1. 畫兩張圖，在第一張圖中畫出自己心目中的好規定，第二張則畫壞的規定。與同學分享你的作品，解釋為何一條規則是好的，一條是壞的。

2. 製作一齣短劇，內容是遊戲場上發生的問題。訂一條規則來解決問題。在劇中說明為什麼需要這項規則，解釋為何你認為這是一條好規則。

3. 編一首歌或寫一首詩說出好的規則是什麼樣子。與同學分享你編的歌或詩。

LESSON 3

3 第三課
應該如何選擇領導者？

當我們需要領導者來負責某一項工作時，我們會試著選出能夠將工作做好的人，並給這個人一項權威職位。這一課中，同學們會學到一組有助於選出領導者的問題。

權威職位　職權

重要觀念

"為什麼應該知道如何選擇領導者？

貝絲在和朋友玩商店遊戲的時候會選出領導者，全部的小孩都選擇山姆當玩具店的老闆。

「好。」山姆說：「我會告訴你們該怎麼做。」

「所有人都可以幫我一起訂規則。」他說：「如果有人不遵守規定，必須由我決定怎麼處理。」

我們時常為所屬的團體選出領導者，讓他擁有一項權威職位，這代表了我們給這個人權利去指揮其他人做事。

你曾經參與選出某人擔任領導者嗎?

你如何做出決定？

_____

_____

_____

你可能認為只有成人才會運用權威。

➜ 你的父母要你照顧弟弟。

➜ 你的老師吩咐你去讀一本故事書。

小孩也會運用權威。

➜ 隊長指揮隊員怎麼比賽。

➜ 老師不在的時候，班長要大家安靜。

在學校中有哪些權威職位是由小孩擔任的？

_____

_____

　　每個人的一生中都有機會參與選擇領導者，現在只是在教室裡選擇，將來同學們會參與選出市長、縣長和總統。

　　領導者很重要，因此我們必須要正確的決定，選出可以把工作做好的人。

泡泡伯與菲菲

記得泡泡伯與菲菲故事中的第二章嗎？泡泡人要選擇領導者。

「我們一直都沒有領導者。」泡泡伯說：「有好的人帶領很重要。要怎樣才能選出最適合這項工作的人呢？」

誰被選為泡泡國的領導者？

這些領導者有哪些工作？

你認爲要做好這些工作需要具備什麼條件？爲什麼？

如何選擇適合人選來擔任權威職位？

下面的一些步驟能協助你選出適合的人選來擔任權威職位。先看看這些步驟，然後按照這些步驟來解決問題。

步驟一、這項權威職位的內容是什麼？

➜ 我們想要擔任這項職位的人做些什麼？

➜ 這個人會有哪些職權？

➜ 這個人沒有哪些職權？我們不想要這個人做哪些事情？

步驟二、我們想要找到什麼樣的人？

➜ 這個人應該具備哪些知識？

➜ 這個人應該有哪些能力？

步驟三、有誰想要這項職位？

➜ 他是否具備完成工作所需的條件？

➜ 有哪些事情可能阻礙這個人去盡自己的責任？

步驟四、決定誰是最佳人選。

➜ 你的選擇為何？為什麼？

解決問題。

　　考慮這項權威職位的內容，利用上面問題來決定應該選誰。

誰來照顧我

　　葛梅夫婦必須離家兩天，需要有人照顧五歲的卡洛和七歲的瑪莉。

　　葛梅太太對孩子們說：「你們也可以選擇要

讓誰來照顧你們。我們希望找到知道怎麼照顧小孩，而且會注意你們有沒有守規矩，但不會傷害你們的人。」

卡洛說：「我想要安表姐來照顧我們。她人很好，很愛唱歌，而且會讓我們吃愛吃的東西。」

「表姐只有十五歲。」葛梅太太說：「她曾經照顧過你們，不過這次我們會離開很長一段時間。」

「我要沛卓先生來。」瑪莉說：「他會跟我們玩遊戲、說故事。我們都很聽他的話，他總是把我們照顧得很好。」

「沛卓先生會讓你們吃垃圾食物。」葛梅太太說。

葛梅太太又說：「那隔壁的桑雪太太怎麼樣呢？鄰居說她做得很好。她做事很仔細，很會煮東西，而且自己有小孩，她的小孩年齡比你們都大。」

「我聽說桑雪太太很兇，老是要小孩聽她的命令。」瑪莉回答。

「我們到底應該選誰呢？」葛梅太太問。

展示學習成果

為班上排演一齣戲，假裝你的老師是雷老師，班上同學可以決定誰是最適合當班長的人。運用你在這一課中學到的觀念。

班長

「雷老師，我們需要一位班長，我們已經決定

了一些事情。」班上的孩子說。

我們想要班長做的事：

1. 一個禮拜開一次班會。
2. 為班上計畫活動。
3. 在學生會議上表達我們的想法。
4. 對我們回報學生會議上發生的情形。

班長會有的職權：

1. 選擇休息時間要玩的遊戲。
2. 頒獎給表現良好的學生。

班長不能做的事：

1. 只選自己的朋友來指揮遊戲。
2. 只讓自己的朋友在會議上發言。

有三個學生想要當班長，誰是最適合這項工作的人？

泰勒：

泰勒和每個人都相處得很好，他讓大家笑聲不斷。他喜歡和朋友在一起，常常在班上提出很多好點子。有些學生覺得他太喜歡指揮別人。泰勒曾經當過班上的活動股長。

莎莉：

莎莉是個很好的傾聽者，大家都很喜歡她。

她有加入樂隊，必須在放學後練習。同時她也是足球隊的隊員，足球隊會在早自習的時候練習。

法蘭克：

　　法蘭克是個全勤的好學生，很害羞，有許多朋友。他從來沒有當過領導者。他的姊姊是班長。

課後活動

1.請校長到班上來演講，談談校長這個工作的責任和職權。有哪些事情是校長不能做的？哪種人最適合當校長？

2.想想看學校裡有什麼問題會因為有人擔任權威職位而改善。請在課堂上報告，並說明這個人應該有什麼樣的工作內容、應該得到哪些職權、不能做的事情有哪些，以及應該選哪種人來擔任這項權威職位。

4 第四課
要不要運用權威？

本課會學到的概念

　　我們常常需要解決問題，有時必須決定是否應該制定一項新規則或是設立新的權威職位。在這一課中，同學們會學到一些有助於決定該怎麼做的思考工具。

利益　代價

重要觀念

運用權威來解決問題可能會發生什麼結果？

當我們運用權威，可能會有好結果發生，就是運用權威的利益；利益是指好的事。

　　運用權威也可能產生代價；**代價**就是我們必須放棄的事物。只要運用權威，就同時會產生利益和代價。

　　貝絲和她的朋友一整天都在玩開店遊戲。貝絲和威利訂了一項新規則，他們說：「在我們的店裡，每個人一次只能買一個玩具。」

　　山姆考慮了一下這條規則。「這規則很公平。」他決定：「我們沒有很多玩具，如果每個人只買一個，就能夠讓每個人都買到玩具。」

　　茱蒂不太高興，她說：「我想買一個玩具給我的弟弟，再買一個給我妹妹。」

　　「我也是。」羅尼說：「貝絲、威利，你們的規定讓我不能買想買和需要買的東西。」

　　按照玩具店的新規定，每個人可以買一個玩具，這是利益。但有些小孩不能買到他們想要或需要的玩具數量，這是代價。

你們在家裡或是學校必須遵守什麼規定？

_____

_____

_____

這項規則帶來什麼好處？

_____

_____

_____

這項規則製造了哪些問題？

_____

_____

_____

泡泡伯與菲菲

　　記得泡泡伯與菲菲故事中的第三章嗎？規則幫助泡泡人解決了問題；領導者必須決定是否要訂一條新規定。

　　芭絲說：「我們需要一條新規則，規定泡泡國

內ㄋㄟˋ不ㄅㄨˋ可ㄎㄜˇ以ㄧˇ製ㄓˋ造ㄗㄠˋ糖ㄊㄤˊ果ㄍㄨㄛˇ。」

制ㄓˋ定ㄉㄧㄥˋ這ㄓㄜˋ條ㄊㄧㄠˊ新ㄒㄧㄣ規ㄍㄨㄟ則ㄗㄜˊ後ㄏㄡˋ可ㄎㄜˇ能ㄋㄥˊ發ㄈㄚ生ㄕㄥ什ㄕㄣˊ麼ㄇㄜ好ㄏㄠˇ事ㄕˋ？

這ㄓㄜˋ項ㄒㄧㄤˋ規ㄍㄨㄟ定ㄉㄧㄥˋ可ㄎㄜˇ能ㄋㄥˊ引ㄧㄣˇ發ㄈㄚ什ㄕㄣˊ麼ㄇㄜ問ㄨㄣˋ題ㄊㄧˊ？

你ㄋㄧˇ認ㄖㄣˋ為ㄨㄟˋ故ㄍㄨˋ事ㄕˋ中ㄓㄨㄥ的ㄉㄜ領ㄌㄧㄥˇ導ㄉㄠˇ者ㄓㄜˇ應ㄧㄥ該ㄍㄞ訂ㄉㄧㄥˋ這ㄓㄜˋ項ㄒㄧㄤˋ規ㄍㄨㄟ定ㄉㄧㄥˋ嗎ㄇㄚ？為ㄨㄟˋ什ㄕㄣˊ麼ㄇㄜ？

如何決定要不要運用權威？

如果現在有個需要解決的問題，我們應該訂條新規定嗎？首先，讓我們想想自己可以怎麼做、這麼做了以後會帶來什麼利益？可能會造成哪些代價？

以下是運用權威的一些利益：

➜ 有助於維護我們的安全。

➜ 協助我們維持秩序。

➜ 讓我們能公平分配事物。

➜ 有助於我們解決紛爭。

➜ 有助於保障我們的權利。

以下是運用權威的一些代價：

➔ 我們不能再隨心所欲。

➔ 可能必須花錢請人來擔任權威職位。

➔ 必須確認並不是所有的工作都交由有權威的這個人來做。

➔ 必須監督有權威的人，避免他們不公正的使用權力。

　　思考這些事情有助於你釐清運用權威的利益和代價，利益有比代價來得重要嗎？現在你可以決定要不要運用權威來解決問題。

解決問題

　　請同學閱讀「學校餐廳的問題」這個故事，並回答「利益與代價」表格中的問題，然後決定應該怎麼做。請運用學到的觀念，向同學解釋你的決定，以及做這個決定的原因。

學校餐廳的問題

　　所有二年級的學生都在同一時間到學校餐廳吃午餐。有些學生會插隊，有些人甚至根本不排隊。因此，每個人都要花很長一段時間才能拿到餐點，有的學生根本沒有時間吃午餐。

　　二年級學生離開之後，餐廳往往是一片混亂，地上到處都是垃圾，餐盤也丟得到處都是。

　　學校的校長對一些學生說：「我可能會請個助理來管理餐廳的工作，由他幫忙解決問題，你們覺得怎麼樣？」

　　瑪麗說：「那樣我們就不能在午餐時間想做什麼就做什麼了。」

　　樂羅說：「但是我們可以更快拿到餐點，而每個人都有時間可以好好吃飯。插隊並不公平。」

　　「請人得要花錢。」瑪麗說：「你必須付錢給那個助理。」

　　「我們在餐廳裡會更安全，餐廳也會更乾淨、更有秩序。」樂羅說。

　　瑪麗說：「請來的人可能會對我們很兇。」

　　「你們兩個的意見都很好。」校長說：「我必須決定應該怎麼辦。」

展示學習成果

看看雪萊老師班上的問題，然後決定應該怎麼處理。

雪萊老師說：「上完藝術課，只有一些學生會清理桌面，整個教室亂七八糟。我認為需要訂一條新規則。

除非教室清理乾淨，否則不能下課。

「想想看你希不希望有這條規定？」

假設你是雪萊老師班上的學生，這個班級需要這項規定嗎？運用你在這一課中學到的概念，與同學分享你的決定和理由。

課後活動

1. 製作一齣戲，演出有某項規則的利益和代價。你可以和其他學生合作，在班上演出這齣戲。

2. 選擇一項你必須遵守的規定，剪些圖片貼在一起。你的作品應該要能表達這項規定所帶來的一項益處或代價。與同學分享你的成品。

3. 選擇一項權威職位，畫兩張與這個職位相關的圖。一張顯示有這個職位的一項利益，另一張則畫有這個職位要付出的一項代價。與同學分享你的作品。

第五課
如何運用權威解決故事中的問題？

本課會學到的概念

你可以決定是否要運用權威來解決問題。與班上其他同學合作。完成後，你應該能解釋自己和同學是如何解決校服的問題。

解決問題

參與班級活動

　　閱讀馬丁路德小學所發生的問題，然後決定是否要運用權威來解決。與班上其他學生合作。

別再穿牛仔褲

　　馬丁路德小學並沒有規定學生可以穿什麼衣服上學。

　　有些學生穿上面印有髒話的T恤，有些則穿很貴的運動鞋，還有人戴飾品上學，這些東西很容易被偷。

　　亞文先生是學校的校長，他說：「我們可能需要訂一項新規定。」

　　所有學生上學必須穿著校服。

　　「這項規定或許可以讓大家不再針對某些人的穿著而爭吵。」

提莎說：「真是好主意！女孩子可以穿藍色的裙子配上白襯衫，男孩子可以穿藍色的褲子和白襯衫。」

肯恩同意：「太好了！大家都可以穿黑鞋，沒有人可以戴飾品。」

麥可抱怨：「我不要跟大家都穿一樣的衣服。」

亞文先生告訴學生說：「我想了解其他人對這項規定有什麼意見。大家可以在學生會會議上表達自己的看法。」

為活動做準備

分成幾個小組做準備，每組扮演一個角色。每一組都會有一張表格，請先回答表格上的問題。

現在各組必須討論並決定在會議中要說些什麼，選出一位同學說明你這組的意見。

第一組：學生委員會

你們負責最後的決定是否要採納新規定。召集所有組別舉辦一場會議，每一組都可以表達自己的意願，也可以對其他組提出問題。選出一位同學負責主持會議。

第二組：贊成規定的學生

你們認為這項規定是有益處的，有助於避免爭端，也可以防止有人偷其他人的運動鞋或是飾品。

第三組：反對規定的學生

你們覺得這項規則有缺點：規定可能不公平，因為其他學校的孩子不用穿制服；學校裡的每個人看起來都會一模一樣；同學們不能再穿最喜歡的衣服上學。

第四組：贊成規定的家長

你們認為這項規定會帶來一些益處：孩子會更安全、學校裡會更有秩序、孩子不會因衣服而分心，因而可以更專心於課業。

第五組：反對規定的家長

　　你們認為這項規定有些壞處：必須幫孩子買新衣服、他們需要不只一套制服、孩子不能自由決定想穿的衣服。

進行活動

　　會議一召開，主席宣布這次開會的目的，接著請各組輪流發言。

　　每一組都說明自己為何贊成或是反對這項規則，並回答學生委員會提出的問題。

所有組別都發言過後，會議就此結束，接下來學生委員會討論決定學校是否應該採用這項規定，然後向大家說明理由。

✐ 深度討論

你同意學生委員會所做的決定嗎？為什麼？

利益和代價的概念如何幫助你做決定？

下次有問題必須解決的時候，你可以怎麼運用這個概念？

6 第六課
領導者應該有多大的權威？

有時我們必須設計一項權威職位。擔任權威職位的人有些事情可以做，但也有些事情不能做，我們得決定擔任這項職位的人可以做哪些事，也要決定這個人不能做的事情有哪些。同學們會學到一些有助於設計權威職位的概念。

領導者應該有多大的權威？

大家選山姆做玩具店的老闆，負責經營這家店。

羅尼說：「山姆也可以負責算錢。」

「但是，山姆，你不能要我們搬重的東西。」茱蒂說。

「你也不能把錢都留給你自己。」貝絲說。

貝絲和朋友給了山姆權威，告訴山姆他有哪些責任；責任就是他想要做好工作就必須完成的事情。

他們也跟山姆說他有什麼職權；職權就是他被選來經營這家店可以做的事。

另外他們還告訴山姆有哪些事情他不能做，這些事情就是所謂的限制。

你們是否曾選出某人擔任領導者？

領導者可以做哪些事？為什麼？

_____

_____

_____

_____

領導者不能做哪些事？為什麼？

_____

_____

_____

_____

泡泡伯與菲菲

記得泡泡伯與菲菲故事中的第四章嗎？泡泡伯上了泡泡電視台，他說大家必須穿T恤，還得把房子漆成橘色的。

有人抱怨說：「泡泡伯做得太過分了。我們並沒有說他可以對我們下命令，只說過如果有人不遵守規定，他可以決定該怎麼做。」

泡泡人遇到什麼問題？

泡泡伯的職責是什麼？

你覺得泡泡伯不能做哪些事情？為什麼？

你看過類似的問題嗎？你當時是怎麼處理的？

如何決定擔任權威職位的人可以或不可以做的事？

我們有時候必須設立新的權威職位，有時候則是要修改某個權威職位，都必須確定這個職位應有的職責和職權。

我們必須確認在這個職位的人可以做什麼事。

我們必須決定這個職位會有哪些職責和職權。

→ 我們不想要這個人擔負太多責任，他可能無法做到每件事。

→ 我們想要這個人有足夠的權力，好讓他可以把工作做好。

我們必須說清楚這個人不能做哪些事情，為這個權威職位的權力設界限。

→ 我們想要確認在位的人不會濫用權力。

→ 我們想要確定這個人不會剝奪我們的權利。

下面的問題能幫助你規劃權威職位：

是什麼職位？

為什麼需要這個職位？

擔任這項職位的人有哪些責任？

他有哪些職權？

這項職位應該有哪些限制？

這項職位有什麼優點與缺陷？

→ 有沒有方法可以知道他是否盡到責任？

→ 我們能不能和他溝通自己的期望或需求？

➜ 我們訂出他可以做和不可以做的事，這些規則清楚嗎？

➜ 他是不是承擔了太多的責任？

➜ 這個職位有沒有足夠的權力？

解決問題

　　閱讀壘球隊的故事，想一想這一課中學到的問題，利用這些問題來檢視隊長這個職位。同學們可以用「領導者的權威」這張表格來幫忙，然後說明想要怎麼改善這個職位。

壘球隊

　　愛咪、巴比、卡蘿和唐恩都是壘球隊的隊員，艾蒂是隊長。這個球隊每個禮拜會有兩天在放學後練習，每個禮拜六都有比賽。

　　艾蒂決定練習時間，但是唐恩的父親曾經告訴艾蒂，她不能安排在天黑以後練球，也不能要求生病的人上場。

艾蒂負責把球棒、球和手套帶到球場，她讓隊員在練習前先跑步，也負責指派隊員的守備位置。

艾蒂會告訴隊員什麼時候應該揮棒，當他們打出界外，她會大吼；她也會阻止隊員之間發生紛爭。

巴比不喜歡聽到艾蒂大吼，卡蘿不喜歡艾蒂指揮她怎麼做，愛咪和唐恩想當投手，但是艾蒂不給他們機會。

這幾位隊員決定和艾蒂談談，他們想要為隊長訂些規則，他們認為新規定可能會讓大家玩得更愉快。

展示學習成果

假裝你希望學校有活動中心管理員，你想要他做些什麼工作？這個人會有什麼職責和職權？他不能做的事情有哪些？運用你學到的概念，和同學分享你的想法。

課後活動

1. 與某個擔任權威職位的人談談，問問他在工作崗位上能做哪些事情，不能做哪些事情？他是否覺得自己的權威太多或是太少？

2. 為某個擔任權威職位的人編一首歌，像是警察、總統或是任何你知道有擔任權威職位的人。用歌曲唱出這個人在工作崗位上可以做和不可以做的事。

第七課
你會給領導者多大的權威？

本課會學到的概念

設立一個新的權威職位，說出你希望這個新職位的人做些什麼或是不能做什麼。完成後，你應該能說明自己是怎麼創立新職位的。

解決問題

◎ 參與班級活動

看看史密斯老師的班上出了什麼問題，然後決定應該設立什麼新職位。與其他同學一起合作。

史密斯老師的助手

史密斯老師是一年級的老師，她的主要工作是幫助孩子學習，但是上課前還必須先做很多事情：幫學生準備書本、紙張和顏料、確定孩子們都拿到午餐、代收牛奶的錢，然後要查看誰當天不在學校。

現在史密斯老師準備上課了。班上共有三十名學生，她試著幫助每一個孩子，有些學生需要比較多的幫助。史密斯老師會確定學生都遵守規則，假如有人不遵守，她會找時間和他們談談。她會注意教室乾不乾淨，確定孩子們都很安全。

在休息時間，史密斯老師會和孩子們一起到操場上。放學後她會檢查他們當天做的作業，然後準備隔天的課程內容。

史密斯老師跟校長說：「我沒辦法照顧到班上所有的學生，能不能請個人來幫我？」

校長說：「我們可以請個人。你的學生可以協助你決定應該設立什麼新職位。」

「真是個好主意！」史密斯老師說：「對於我的助手該做什麼和不該做什麼，我班上的學生一定有些想法。」

想像你就在史密斯老師的班上,請你幫忙決定老師的助手該做些什麼事。史密斯老師會舉行一場班級討論會,讓全班同學討論新來的助手有哪些責任。

你的老師會將班上同學分成幾個小組,每一組發一張「領導者的權威」思考工具表。每一組都應該回答上面的問題。

與班上同學分享你們的想法,選出一位同學擔任主席來主持討論會。

◢ 進行活動

　　主席宣布會議開始，請大家安靜，由各組派一位同學發表意見，然後讓其他的同學對他提出問題。

　　每一組都要對班上同學說明自己這組的看法。每個人都要幫忙決定助手有哪些應該做和不應該做的事。把這些想法寫在一張海報紙上或是寫在黑板上。

◢ 深度討論

你認為新的職位能幫史密斯老師的忙嗎？為什麼？

決定這個人該做和不該做的事，這些概念如何幫助你設立新職位？

當你下次必須創立另一個職位的時候，會怎麼利用這些概念？

NOTES

NOTES

學習思辨的智慧

散播正義的種子

推展法治教育向下扎根

我們的孩子是否能在班上和同學討論問題、
制定共同的規則？
未來是否也能在團體中和同伴理性互動，
凝聚共識？
在重視人權的年代，能否尊重自己、也尊重別人？
是否學會在個人利益和公共利益間找尋平衡點？
能否體認在家庭、學校及社會的責任？
未來是否能善盡社會責任，成為社會的好公民？
公平正義是否已在孩子們心中萌芽滋長？
我們的社會是否能藉由教育，
而成為講公平、求正義的公義社會！

民主基礎系列叢書

兒童版（適用幼稚園～國小低、中年級學生）
標準本 （22.5～29.7cm）

兒童版（適合教師教學與家長說故事使用）
大開本 （29.3～38.2cm）

捐款專戶

銀行轉帳
戶名：財團法人民間公民與法治教育基金會
銀行：玉山銀行 城東分行（銀行代號：808）
帳號：0048-940-000722（共12碼）

郵政劃撥
戶名：財團法人民間公民與法治教育基金會
帳號：50219173

地址:台北市松江路100巷4號5樓
電話：（02）2521-4258
傳真：（02）2521-4245
更多資訊請見法治教育資訊網：http:// www.lre.org.tw
Email：civic@lre.org.tw

少年版（適用國內5～9年級）

公民版（適用高中以上）

民主基礎系列叢書

老師，你也可以這樣做！

當教育碰上法律

本書是國內第一本從法律與教育專業的角度來探討校園問題的專書，兼顧教育目的、法律理念與校園實務，嘗試化解校園中日益嚴重的緊張關係，並積極營造良好的學習環境，以培養現代法治社會的優良公民。這是關心台灣法治教育的你，絕不容錯過的一本好書。

五南圖書出版股份有限公司

電話：（02）2705-5066
傳真：（02）2706-6100
地址：台北市大安區和平東路二段339號4樓

公民行動 的學習與開始

學生手冊

教師手冊

公民行動方案
Project Citizen I

學生手冊・定價120元
教師手冊・定價130元

民間公民與法治教育基金會／主編・五南／出版

　　這是一套從小即開始培養孩子關心週遭社區的問題、訓練溝通技巧、與擬訂行動計畫的公民參與能力，使其在多元化的社會，能針對公共議題審議，進而形成共識與分工，完成社會的改進的教材。學生透過課程的訓練培養成為會議領導者、意見統整者、議題建構者、計畫執行者等等。

　　教材中提出了幾個重要的步驟，讓有心學習公民行動技能者，或是想要培養社會科學研究能力者能有所依循：而決定行動方案的公共議題，可以是班級性、全校性、社區性、甚至全國性、全球性的問題。從行動實踐的角度來看，也可以先從自己的生活周遭來關懷起，如班級的整潔、秩序、霸凌、考試作弊，或如社區的污染、交通秩序、衛生、美化等。過程中，學生必須先研究所關心的公共議題，分析其成因和現況，掌握解決問題的職掌和相關資源所在；再來學生必須檢討出可行的改進策略，決定將採取何種策略。最後，將其所決定之策略，轉化成實際的計畫與行動。

五南圖書出版股份有限公司

電話：（02）2705-5066
傳真：（02）2706-6100
地址：台北市大安區和平東路二段339號4樓